はじめに

　「ふるさと持田の彩」（探訪ガイドブック）は、1993年に「持田ふるさとづくり推進委員会」・持田公民館によって作成された持田地域内の史跡・伝説・芸能・文化財等を紹介されたガイドブックです。ただ、ガイドブックでは史跡等の場所は、簡単な絵図がついているだけで、訪ねるのには不十分な資料になっています。

　そこで、ガイドブック片手に古墳など一部を除きましたが、史跡等の場所を各地域の方に伺い、訪ねてみました。開発に伴い消失したもの、立ち入る人もなくなり、訪ねるのが困難な場所や、人の記憶から消え去り不明の場所もありました。

　「ふるさと持田の彩」を読まれる方に、少しでも参考になればと思います。地域でお話をいただき、また現地を案内をしていただいた方々に対し、改めて厚くお礼申し上げます。

令和6年1月

目　次

福

1　新宮神社跡　　　　　　　・・　3

2　亀福山長慶寺・澄水寺観音堂・秋葉権現・天満宮跡・狗塚　　　・・　4

3　五角の塔　　　　　　　　・・　6

原

4　虫野神社　　　　　　　　・・　7

5　往生院跡　　　　　　　　・・　8

6　澄水寺跡　　　　　　　　・・　10

7　勘助庵跡　　　　　　　　・・　11

8　ハチクワンガ岩（蜂不食岩）　　　　　　　　　　・・　12

9　明見窟・明見滝　　　　　・・　13

10　坊床寺跡　　　　　　　　・・　15

坂

11　元・諏訪神社　　　　　　・・　17

12　別所延命地蔵堂　　　　　・・　18

13　別所阿弥陀堂　　　　　　・・　19

本

14　比加夜神社・ヤマモモの木　・・　21

15　枡形山　　　　　　　　　・・　22

16　浄昌山安養寺　　　　　　・・　23

17　松田左近妻女の五輪塔遺牌　・・　24

18　客師塚　　　　　　　　　・・　25

19　咳地蔵　　　　　　　　　・・　26

川

20　秋葉社　　　　　　　　　・・　27

21　川原神社　　　　　　　　・・　29

22　阿弥陀堂　　　　　　　　・・　30

原

23　田圃の中の原野（塚）　　・・　31

24　井ノ森堂　　　　　　　　・・　32

25　加佐奈子神社　　　　　　・・　33

26　松田左近妻女の墓　　　　・・　34

27　秋葉社　　　　　　　　　・・　35

東

28　有縁堂　　　　　　　　　・・　36

持

29　聖観音堂　　　　　　　　・・　37

30　納蔵の白滝　　　　　　　・・　38

田

31　幻の宮跡　　　　　　　　・・　40

32　月照山小倉寺跡　　　　　・・　42

33　宝龍山洞泉寺・日吉堂・丸山地蔵菩薩・延命地蔵・疣地蔵　　　　　・・　43

34　大日如来　　　　　　　　・・　45

35　丸山神社跡　　　　　　　・・　46

西

36　持田神社　　　　　　　　・・　48

持

37　毘沙門堂　　　　　　　　・・　49

38　賀茂神社跡・薬師堂　　　・・　50

田

39　和田石灯籠　　　　　　　・・　52

40　槇ヶ崎地蔵　　　　　　　・・　53

41　持田の太郎兵衛住居跡　　・・　54

史跡等位置図　　　　　　　・・　55

※ページ内の地図は、電子地形図（国土地理院）を加工して作成しています。

1 新宮神社跡

<ruby>新宮神社跡<rt>しんぐうじんじゃあと</rt></ruby>

　福原町の現在の福原中集会所の敷地に新宮神社と若宮八幡宮がありましたが、新宮神社は明治44年10月に虫野神社に合祀され、八幡宮は虫野神社の裏山に移されています。

　「福原には元虫野神社と新宮神社があり、この新宮神社の境内に若宮八幡宮もあった。明治44年10月虫野神社に合祀された。」（ふるさと持田の彩）

福原中集会所

2　亀福山 長慶寺・澄水寺観音堂
秋葉権現・天満宮跡・狗塚

　長慶寺は福原町の集落内にあり、境内に澄水山にあった澄水寺観音堂が移築されています。また境内には秋葉権現が祀られ、観音堂の後ろの山には、天満宮がありましたが、明治44年に虫野神社に合祀されています。境内の入口には鷹狩の際に死んだとされる犬を祀った狗塚があります。

　「[長慶寺]　本尊は十一面千手観音で、高さは31センチの小仏だが、平安時代の有名な仏師、定朝の作といわれている。この寺は曹洞宗静安寺（本庄）の末寺で慶長2年（1597）の3月、静安寺4世、少堂盛林和尚が開祖となっている。享保3年（1718）10月21日に堂宇全焼し、この火事で法器古証等一切を灰燼となした。それから74年後の寛政4年（1792）に再建された。

　[秋葉権現]　長慶寺の境内に祭祀、毎年1月18日、下組中組の講中にて供養祭祀が行われている。

　[澄水寺観音堂]　澄水寺は山号を清水山（※１）といい、かつては標高507.3mの澄水山頂にあったが、明治6年（1873）、現在の長慶寺境内に遷された。

　[天満宮跡]　天満宮は当初長慶寺裏の天神山に祭祀されていたが、明治44年（1911）、新宮神社と共に虫野神社に合祀され、毎年7月25日が祭礼日になっている。天文23年（1554）建立の棟札がある。

　[狗塚]　明暦年中、松江藩主松平直政公鷹狩の際、飼い犬「弥十良」が狩猟のお供に従い、当時の福原に来たとき野獣と闘って死んだため、長慶寺境内の入口に埋葬され、狗塚というお墓を建て、その供養料として藩公より上田3反6畝歩を寄進せられた。」（ふるさと持田の彩）

長慶寺

澄水寺観音堂

4

秋葉権現

天満宮跡

狗塚

注　※1　澄水寺の山号は、観音堂の扁額には「不老山」とあります。

3　五角の塔

　福原町の石浦堤の土手に大きなクロキの木があり、その根元に五角形の石塔があります。五角の塔とは刻まれた神名から社日碑のようです。

　「石浦堤築造の際（約150年前）、堤の土手中央南向きに、農家の安全と稲作の豊穣を祈願して建立されたものと思われる。塔の中央に天照大神両側に大己貴命。少彦名神、後に稲倉魂命、埴安姫命の名が刻まれている。古来よりこの塔を社日さんと呼び、崇敬したようである。」（ふるさと持田の彩）

石浦堤の土手に向かう。

土手の大きなクロキの木の根元にある。

五角の塔（社日碑）

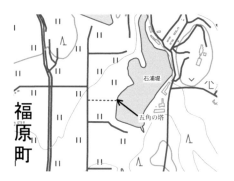

4 　虫野神社
<ruby>虫<rt>むし</rt></ruby> <ruby>野<rt>の</rt></ruby> <ruby>神社<rt>じんじゃ</rt></ruby>

　福原町の谷を奥へ入った北山の麓にあります。境内の右奥の高台には若宮八幡宮が祀られています。

　「虫野明神または虫大明神といって『出雲風土記』には「虫野社」とある古い神社である。境内は松・杉・椎等の古木が蒼然として空を覆い、幽静なる神境である。社殿の構造は大社造りである。明治44年（1911）新宮神社が虫野神社に合祀されたとき、新宮神社の境内に祭ってあった若宮八幡宮は現在、虫野神社の裏山に社殿をもうけて祭祀されている。」（ふるさと持田の彩）

虫野神社参道

拝殿

本殿

5　往生院跡
<ruby>往生院跡<rt>おうじょういんあと</rt></ruby>

　福原町の虫野神社の前を左へ曲がり西の谷へ入ると、道が分岐しますが右へ曲がり少し上がると、左の山へと向かって踏み跡があります。この道は澄水山への登山道ですが、今は上部のほうが通行できない状態のようです。山の斜面には、深くえぐられたU字形の道が上がり、ところどころ倒木があります。しばらく登ると、左の斜面には小さく刻まれた平坦な面が数段にあります。少し登ったところに平坦な場所があり、ここから右の尾根を下がって行くと先端の方に、四角く囲った石組みや宝篋印塔などの破片がありました。

　「澄水寺跡参道の道添えに往生院跡がある。一説には澄水寺の前身のお寺があった処ともいう。・・・付近には五輪の塔や多宝塔の部分らしい石が見かけられる。」（ふるさと持田の彩）

　「往生院遺跡　虫野神社の北奥に流下する福原川の西側丘陵上に所在します。・・・南端部尾根上には一辺約2mの方形を成す石積基壇が十基以上あり、五輪塔や宝篋印塔も見られます。」（里の息吹）

虫野神社の西隣りの谷へ入る。

舗装道路の跡を入る。

左の山へ入っていく。

山道を登る。

平坦な場所から右の尾根を下る。

四角形の石列がある。

壊れた宝篋印塔

6 澄水寺跡
ちょうすい じ あと

　坂本町から勘助の道を澄水山へ向かって登ると、標高400mの手前の平坦な場所にあり、案内標識から竹林の中に入ると、手水鉢や建物跡が残っています。

　「島根半島、北山山系の澄水山（標高507.3メートル）山頂付近にあった澄水寺は鎌倉時代に建立され、寺の起源はさらに平安時代にまでさかのぼるのではないかといわれている。・・・寺跡は澄水山頂から150メートルの南側斜面に位置し、付近一帯に千平方メートルの基壇面をはじめ、大小の基壇が点在している。本堂跡は約9メートル四方で柱の礎石が当時のまま残っている。また、元治元年（1864）11月吉日奉献の手洗鉢に、一道明尼と記して現存している。」（ふるさと持田の彩）

澄水寺跡の標柱

手水鉢

建物跡

7　勘助庵跡

かんすけあんあと

坂本町から勘助の道を澄水山へ向かって登ると、頂上近くの峠にあります。

「明治、大正期に澄水山頂に居住した奇人で通称勘助と言った。素性を知る者はなかったが、数年前、隣県西伯郡余子の縁者と称する人が追跡調査して勘助庵跡へ鎮魂の碑を建てた。真偽取り混ぜて判断すると、勘助は若い頃、松江藩家老神谷源五郎の下僕として仕え、姫君と恋愛し、身分違いのため篤志を以て領内追放となり、澄水山に妻女と娘を伴って隠棲したといわれている。その後、娘は紡績工場へ女工として出稼ぎ、病を得て死亡した。加えて妻女も生活に堪えず離別。勘助は炭焼き、山菜などで麓の坂本、福原、加賀で交易し、日糧を得て暮らした。大正15年（1926）3月11日帰庵の途次、にわかに降り出した季節外れの大雪のため居庵200mの所までたどりつきながら遭難死した。推定年齢は既に米寿を越えていたろうといわれる。」（ふるさと持田の彩）

澄水山頂上付近の峠にある。

勘助庵の石碑と石地蔵

8 ハチクワンガ岩（蜂不食岩）

　坂本町別所の集落の入口から小さな谷に鉄塔巡視路があります。巡視路を鉄塔まで上がり、更にその奥の樹林の中へ進み、急斜面から尾根を登っていきます。鉄塔から20分ほど登ると、尾根道に大きな岩があり、そこから20分ほど登るとさらに大きな岩、ハチクワンガ岩があります。

　「澄水山南陵の福原との山林境界線上の坂本側に大岩がある。古老伝では、神話にいう大穴持命が兄弟神の責にあい蜂室に閉せられた。神威により蜂が刺さなかったとの故事に基きこの名があるという。思うに藩政時代に、藩の御立山（藩有林）であったからこのような伝説が造られた疑いがある。」（ふるさと持田の彩）

民家の脇から巡視路を入る。

尾根道を登る。

尾根道に大きな岩がある。

9 明見窟・明見滝

<ruby>明見窟<rt>みょうけんくつ</rt></ruby> <ruby>明見滝<rt>みょうけんたき</rt></ruby>

　坂本町から東持田町納蔵東へ向かう金井谷峠付近から坂本川の川沿いに谷を上がります。養鶏場の脇から山へ入ると、大きな堰堤の手前で道がなくなります。川の対岸には大きな岩があり、下部には人が座って入れる位のスペースがあります。

　谷の右側の斜面から堰堤を越えて、踏み跡（獣道）をたどり、堰堤内から川沿いを登ると、落差4m以上ある滝があります。ここから更に登ると、流れは小さいですが、3段に連なって流れる滝があります。そしてこの斜面の上にも大きな岩がありますが、洞窟のようなスペースはないようです。

　明見窟・明見滝は確認できませんでしたが、今回出会った滝を、「新・明見滝」、その奥の滝を、「明見3段の滝」と呼ぶことにします。

　「通称妙見川の中程に高さ4〜5メートルくらいの滝がある。この上流にはハコネ山椒魚が生育する。滝の上手20メートル辺りに洞窟内6畳敷きくらいの岩屋がある。・・・劔日子命（岩坂日子命となっている）を祭っていたが、今は比加夜神社の境内社に遷されている。」（ふるさと持田の彩）

養鶏場の谷へ入る。

道が途絶える。

対岸に大きな岩がある。

大きな堰堤がある。

13

堰堤を越え、内部から谷を上がる。

滝がある。新・明見滝

上流にも滝がある。明見３段の滝

斜面にある大岩

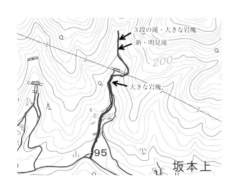

10　坊床寺跡

　坂本町の澄水山登山道入口の前から東へ路地を入り、家の裏から山へ上がると、平坦な場所に2段ほどの石垣が2辺を接して残っています。その石垣から更に奥に入ると長さ20mくらいに続く、高さ2mほどの石垣が連なっています。

　「8世紀の寺院跡とみられている。文献にもなく幻の寺として史家の研究対象となっている。推定される寺域は畑、林地を含めかなり広い。場所は地区の東寄りの人家外れで、澄水山南陵諸支稜の一つの分稜の端末台地にある。随所に布目瓦須恵器の破片を検出する。・・・この寺は古老伝では、尼子時代に兵火を被って消失したとも伝えられる。」（ふるさと持田の彩）

民家の裏から山へ上がる。

開けた場所に上がる。

２段の石積みがある。

奥には高さ2m以上の石垣がある。

長い石垣がある

坂本上

坊床寺跡

11　元・諏訪神社

　坂本町の民家の脇から竹やぶに入ると、石垣で一段高くなった場所に、狛犬と石灯籠が1対あり、今は秋葉大明神が小祠に祀られています。

　「別所に鎮座。明治の廃仏毀釈の際に比加夜神社に合祀された。王子権現とも言い、安閑天皇（名を広国押武金日命という。）を祭る。今は社殿跡に秋葉大明神を勧請小祠があり、石灯ろう及び阿吽の石造唐獅子各2基が残っている。」（ふるさと持田の彩）

民家の脇から竹林へ向かう。

石垣の上に1対の狛犬、石灯籠がある。

秋葉大明神

12 別所延命地蔵堂

　坂本町の道路脇にある坂本上組集会所に、別所延命地蔵堂の名札が併せて掲げられています。

　「延命地蔵菩薩であるが、世間では疣地蔵としてこの界わいに知られている。香炉の灰（尉）を患部に塗ると疣が自然に剥落治癒するという。尊像は0.83メートル余の立像で寄木作り出雲様式（地方仏師の作）といわれる。」（ふるさと持田の彩）

道路脇の集会所に併設されている。

延命地蔵菩薩

13 別所阿弥陀堂

　坂本町の道路脇に小堂があり、阿弥陀三尊が祀られています。元は別の場所にあったようで、北へ少し上って田んぼの畦道を下った川沿いが旧地だそうです。

　「別所阿弥陀堂は、旧地より現市道坂本線沿いの小堂に遷されたものである。古くから加賀への往還の幹道であったために、阿弥陀三尊を祭った。近年仏像の朽廃甚だしく、本尊座像一軀を新規招来した。」（ふるさと持田の彩）

道路脇に小さなお堂がある。

阿弥陀如来像

田圃のあぜ道を川へ下りる。　　　　川の手前の平坦な場所が旧地だそうです。

14 比加夜神社・ヤマモモの木

坂本町の農道近くの山沿いにあります。参道入口や宮司宅の参道側にヤマモモの大木があり、宮司宅のヤマモモは市の天然記念物に指定されています。

「比加夜神社　戦前の村社で『出雲国風土記』の「比加夜社」、いわゆる式内社（後世日加夜、檜萱などと書く）である。主祭神は鵜鷀草葺不合命、摂社は八幡、明見、秋葉の三社である。・・・宮司宅内に別に記す、市の指定するヤマモモの木がある。」
「ヤマモモの木　一般によく知られた常緑樹で珍しくないが、学術的にはこの地方が植生の北限とされ、比加夜神社のものは樹齢200年と推定され、特に貴重なものとして、昭和54年（1979）、松江市の天然記念物の指定を受けた。」（ふるさと持田の彩）

宮司宅の庭に大木がある。

比加夜神社拝殿

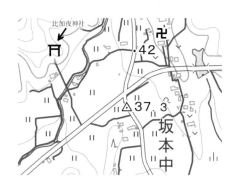

15　枡形山
ますがたやま

　坂本町の安養寺前から東へ下り、橋を渡ってすぐ右の小さな道を入ります。曲がってすぐ左の山にある旧道を入ると丘のピークに高さ1メートル位の土塁が続いているのが見えます。土塁の切れ目から中に入ると、1辺約20mの四角形の土塁に囲まれているのがわかります。所在地の地番は福原町になるようです。

　「正しくは福原山林上毛頭原850番辺りに在る。古くからこの辺りのかなり広い低丘陵地を毛頭原（ケタバラ）と呼ばれている。枡形山は「人量り場」ともいわれ、東西長方形の高さ2メートル余の土塁に囲まれた区画で、未だほとんど手つかずの遺構である。何の目的のためのものか諸説があり、一部の郷土史家は中世豪族の居館跡とか、また古代史にいわれる・・・使節居館の遺構、・・・などの説がある。」（ふるさと持田の彩）

　「坂本館跡　南に延びた低丘陵上に方形の土塁があります。東西24m、南北22m、高さ1m、底幅2.7m、上幅0.8mを測り、西部中央部は幅2mにわたり途切れており、出入り口と考えられます。」（里の息吹）

橋を渡った右の森の中にある。

林の中に土塁がある。

一辺約20mの四角形の土塁がある。

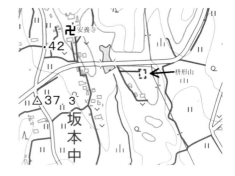

16　浄昌山安養寺
じょうしょうざんあんようじ

　坂本町から福原町に向かう北山農免農道を峠に上がると、その脇にあります。
　「この寺の寺歴は、寺伝、古老伝、伝承とまちまちでつまびらかでないが、そう古くないようである。しかし、一応、永禄9年（1566）小草家の開基とされている。他に桐岳寺各世代住職の退職後の隠居寺であったともいう。・・・禅宗の曹洞宗総持寺派桐岳寺（松江市奥谷町）の末刹である。」（ふるさと持田の彩）

坂本町と福原町との境の峠にある。

安養寺本堂

17　松田左近妻女の五輪塔遺牌

　坂本町の道路脇の田圃の奥に、白い標柱があり、その脇に壊れた五輪塔の一部が
残っています。標柱は最近立てられたそうです。

　「永禄6年（1563）8月尼子晴久の妹婿松田左近将監誠保が守る尼子支城十旗の随
一白鹿城は落城したという。・・・巷間伝承では、白鹿落城で城主松田左近は隠岐に
逃れんとして福原旭森近くで自刃したとして、この地を最後峠というとか、妻女は太
田辺り、あるいは坂本堀ノ内辺りで毛利軍に討たれたなどの文献外の伝説があ
る。・・・妻女の討たれたとする坂本堀ノ内には五輪塔の一部が遺存するし、・・・。
また、古来この近辺では時々武具、人骨の破片が出土するとの証言もあり、当時戦闘
が行われたところかも知れない。」（ふるさと持田の彩）

田圃の奥の畑にある。

岩の上に五輪塔の一部が乗っている。

18　客師塚

<ruby>客<rt>きゃく</rt>師<rt>し</rt>塚<rt>づか</rt></ruby>

　坂本町の道路脇の一本の大きなタブの木の根元に石の塊があり、花筒が置かれています。近くには大正七年と刻まれた壊れた石柱がありました。

　「国道431号より市道坂本線をこの塚は150メートル上った道端にある。1本の楡の木の下に6面体と思われる石塊がある。もと各面に地蔵菩薩を陽刻（六地蔵）し、これを台座に石仏座像があったと古伝にいう。」（ふるさと持田の彩）

道路脇の大きな木の下にある。

6角形の岩がある。

19 咳地蔵
せきじぞう

　坂本町の民家の脇から山へ向かって道があり、上に上がると右手の一段高いところに小さな祠に石地蔵が祀られています。

　「この地蔵は、坂本町の福田正宅上にある。本尊は、南無地蔵大菩薩で石彫の立像（約0.50メートル）である。この地蔵の由緒はつまびらかではないが、歴史は相当古い。堂宇は古きは藁屋根であったが、現在は堅固な石造りとなっている。・・・この地蔵は風邪による咳にご利益があると伝えられ、遠近からの参詣が多い。」（ふるさと持田の彩）

民家脇から山へ上がる。

林内に小さなお堂がある。

20　秋葉社
あきばしゃ

　川原町から嵩山に登る途中にありましたが、現在は川原神社の境内に移されています。旧社地へ向かって鉄塔まで上がると、ススキに覆われて道が見えませんが、山へ入るとはっきりとした登山道が続いています。ほとんど頂上近くのスダジイの根元に小さな石祠が残っています。
　「川原町亀ヶ谷山（通称秋葉山280m）の頂上に石の宮をつくり、祭神は秋葉三尺坊大権現を祭る。文化3年（1806）、講中西村佐蔵の記銘がある。」（ふるさと持田の彩）

竹林の鉄塔巡視路へ上がる。

鉄塔の奥から山へ向かう。

尾根をひたすら登る。

大きな木の根元に石祠がある。

川原神社に遷された秋葉社

21　川原神社

かわはらじんじゃ

　川原町の集落を南西に奥へ入ると、森の中に神社があります。祭神は、伊奘諾命、伊奘冊命で、境内には八幡神社も祀られています。また、境内の大木には荒神も祀られています。最近神社の周りの樹木が伐採されて明るくなってしまいました。

　「本社は、川原地区の上部、嵩山の麓の幽静の境に鎮座され（147番地）、明細帳に出ている古社である。棟札には、元禄11年（1698）・・・等がある。・・・また、境内に荒神、素盞嗚尊を椎の大木に祭り、・・・」（ふるさと持田の彩）

集落の奥に大きな石灯籠がある。

川原神社拝殿

大木に祀られる荒神

22　阿弥陀堂

川原町の集落へ入ると、一番奥にあります。現在は阿弥陀堂はなく、最近整備された集会所の中に阿弥陀如来像などが祀られています。

「阿弥陀堂　正徳山、宗源寺、川原町今度127番地。本尊、阿弥陀如来で等身大余の座像が安置され、他に不動尊等5体が祭られている。阿弥陀堂は、地区の上部にあるが、元は現在地から約250メートル北方の寺山にあった。明治初年頃、現在地に移され、・・・現在は堂を更に増築して地区の集会所として利用されている。」（ふるさと持田の彩）

集会所の中に安置されている。

23 田圃の中の原野（塚）

　川原町の田んぼの中にこんもりと土盛りされたような場所があります。

　「川原町には水田が264.794平方メートルあり、この水田の中に原野という地目（土地の種別）が83筆点在している。・・・形は小さい山では高さ50数センチぐらいから3メートルくらいまでいろいろである。地元では通称これを『塚』といっており、塚の群落した田を俗称『塚狭』といって現在も残っている。」（ふるさと持田の彩）

田の中にこんもりとした荒れ地がある。

24　井ノ森堂
<small>い の もりどう</small>

　東持田町の持田公民館の案内標識のある交差点を東へ20mほど入った左にあり、地区の集会所に併設されています。

　「太田の井ノ森堂は島根札20番の札所であり、本尊は南無十一面観音で、その他の仏像が安置されている。宝暦13年（1763）7月、堂宇が落成したといわれている。・・・現在、平成3年に堂宇が改築され、一部を集会所として使用されている。」
（ふるさと持田の彩）

集会所に併設されている。

十一面観音菩薩像

25 加佐奈子神社
<ruby>加<rt>か</rt>佐<rt>さ</rt>奈<rt>な</rt>子<rt>し</rt>神<rt>じんじゃ</rt>社</ruby>

　東持田町の元太田池の脇にあります。素戔嗚命が祀られ、本殿の裏には笠無古墳があります。池が埋められ宅地となったため、昔の風情はなくなりました。

　「加佐奈子神社は明治41年（1908）、5月30日、幣帛共進社に指定された後、同年に貴船神社（石野）、翌42年に石淵神社（納蔵）、王子神社（以後後久）等が合祀されて現在に至っている。棟札の現存するもので最も古くは、寛文元年（1661）で現在まで13枚残されている。」（ふるさと持田の彩）

拝殿と本殿

本殿裏に古墳がある。

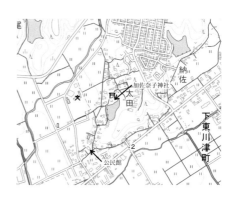

26 松田左近妻女の墓

　東持田町の持田小学校前から北へ進むと、左手にポンプ場が見えてきます。この建物の手前のあぜ道の向こうに見える木の根元に墓があるということです。あぜ道を川まで進みますが、土手は垂直で、川の流れは多くはないものの、そのままでは渡れそうにありません。川の上下を探すと、少し下流に流れが浅くなり、飛び石伝いに渡れそうな場所がありました。垂直の土手にも途中に段差があり、下りることができました。流れの縁を歩いて、あぜ道の正面の土手に上がり、枯れ草をかき分けると、大きな木の前に、「松田左近妻女の墓」と書かれた標柱が立っていました。これは、最近建てられたそうです。枝葉に隠れた木の根元を見ると、横の方に上部の欠けた五輪塔が残っていました。

　「一級河川持田川を挟み、持田小学校前方の東持田町1,129番地田の中に、お墓という五輪の石塔があり、これが松田左近妻女の墓と伝えられる。永禄年間（16世紀中頃）、白鹿落城のとき、ここで敵手にかかったか、自害したのか定かでない。」（ふるさと持田の彩り）

畦道の先の川を渡る。

大きな木の根元にある。

上部の欠けた五輪塔がある。

27　秋葉社
あきばしゃ

　東持田町以後と後久との境の山の以後側の斜面にあります。
　「東持田以後地区にある秋葉社は、秋葉三尺坊大権現が奉祀されている。天保年間
に、・・・秋葉三尺坊大権現分詞を勧請安置（現以後1766続ノ一）、その後は禍もな
く御火防秋葉様と呼び厚く信仰されるに至る。・・・現在地（以後1744続ノ一）に遷
座し、」（ふるさと持田の彩）

持田川を渡り山へ向かう。

山へ入る。

秋葉社

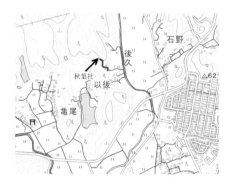

28 有縁堂

東持田町納蔵地区の南の集落のはずれにあります。お堂の後ろには、古いお堂が残されていました。

「この堂は、東持田町瀬ノ夫地区にあり、本尊は阿弥陀如来であり、また同時に釈迦如来像一体が祭ってある。この堂の由来は不詳であるが、昭和の初期までは聖観音堂に祭ってあったが、県牧場廃止に伴って事務所跡の現在地に安置された。」（ふるさと持田の彩）

民家横の田んぼの脇を入る。

丘へ上がる。

29 聖観音堂

<ruby>聖観音堂<rt>しょうかんのんどう</rt></ruby>

　東持田町納蔵から坂本町へ向かう市道を東へ550mほど行くと、左手の高台に小さなお堂があります。民家の横から参道があります。

　「この堂は、東持田町納蔵東地区の市道東持田、坂本線沿いにあり、本尊は聖観音菩薩の立像である。他に2体の地蔵像が合祀されている。」（ふるさと持田の彩）

道路脇の高台にある。

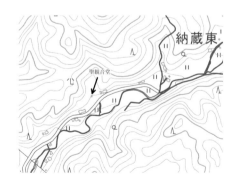

聖観音菩薩像と地蔵菩薩像

30 納蔵の白滝

　東持田町納蔵から林道澄水山線を少し上がると、滝の音が聞こえ、道路脇に白い案内標柱があります。谷へ下りると、細い流れが滝となって下っています。上からは下方に滝壺が見えるものの、滝の様子は見えません。旧道の急斜面からむりやり谷に向かうと、滝の中部に下りることができ、なんとか滝壺まで行くことができました。

　地元の方の話では、「堰堤が出来てから、滝壺に砂が溜まってしまい、以前とは様子が変わってしまった。」ということでした。

　「納蔵西の谷奥に白滝がある。この滝は高さを競う型の滝ではなく、なだらかな滝である。滝の下の方にダムが出来ており滝壺があまり見えない。」（ふるさと持田の彩）

白滝の標柱

滝壺へ向かって流れ落ちる。

中部から上流の様子

最上部の滝

くねりながら下流へ流れ落ちる。

滝壺の様子

滝壺からの全景

31　幻の宮跡

　西持田町、東持田町、鹿島町の境にある御岳山の頂上付近にあります。日吉集落、亀尾集落などから山道があります。頂上から少し南へ下がった西持田町の斜面に、狐像や石灯籠があります。

　「幻の宮跡　標高295メートルの御嶽（みだけ）山の山頂に、明治初年まで社があった。社が建っていた一枚石、灯籠、御手洗石や、さわりの池跡も残っている。かつては婦人の参詣者が多かったと伝えられる。・・・（注：御嶽山は、納蔵、日吉、上講武界、社跡は日吉側にある。）」（ふるさと持田の彩）

日吉集落の谷から山へ向かう。

古い山道を登る

枯竹が折り重なっている場所もある。

壊れた石灯籠

手水鉢

池のような水溜り

壊れた小さな狐像

32　月照山小倉寺の跡

　西持田町小倉集落の民家の横の水田の脇から山へ向かって道を上っていきます。峠まで登ると、左手にお地蔵様が、寺跡の方向を見ていますので、右手の竹林の道を進んで、右の一段上った場所に上がります。開けた場所に手水鉢や石碑が残っています。

　「寺跡は小倉寺坂を登った真山山麓にあって、南向きの丘の上にある。流域の下は菅田町である。観音堂の跡、御手洗石、供養塔などが残り、今も往時が偲ばれる。」
（ふるさと持田の彩）

水田脇から山へ道がある。

峠から地蔵像の向く方へ曲がる。

手水鉢や石碑が残っている。

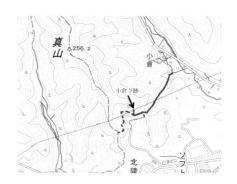

42

33 宝龍山洞泉寺・日吉堂
丸山地蔵菩薩・延命地蔵・疣地蔵

　洞泉寺は、西持田町の県道松江島根線の近くの日吉集落にあります。境内に日吉堂・丸山地蔵菩薩・延命地蔵・疣地蔵があります。

　「この寺は西持田町字寺中にあり、曹洞宗清光院の末寺である。本尊は延命地蔵菩薩で、慶安2年（1649）、松江市外中原町清光院3世高岩栄甫大和尚の開山である。」

　「日吉堂　洞泉寺境内に所在し、島根札22番である。本尊の聖観音菩薩は、もと日吉にあったが、明治6年（1873）に洞泉寺に移され、明治40年代に現在の観音堂に丸山地蔵菩薩と共に安置された。」

　「丸山地蔵菩薩　もと和田国石谷の奥、通称丸山谷にあった、丸山社の御本体"丸山地蔵"は、白鹿城の松田左近将監の部下であった丸山権左衛門（権太佐衛門とも伝えられている）の霊を祭ったものと伝えられている。明治初年の神仏分離の時、・・・谷底へ投げ捨てられていたのを、天山和尚が洞泉寺へ迎えて祭り、明治40年代に日吉堂に安置された。」（ふるさと持田の彩）

洞泉寺入り口

山門と本堂

疣地蔵

日吉堂

丸山地蔵菩薩（左）と聖観音菩薩像

34 大日如来
だいにちにょらい

　大日堂は西持田町の和田上の松江島根線と農道の角の山にあるようです。農道から松江島根線を20mほど南下すると左の山へ向かって道が上っています。墓地の脇を通って上に登ると、小さなお堂があります。大日如来像が安置されています。

　「大日堂は西持田字大日山（和田上）にある。堂は瓦葺建坪4.5平方メートル、雨屋根（切妻造）柱丈1.7メートル、地上より屋根まで高さは約2.73メートルである。本尊の大日如来像は丈0.30メートル、0.21メートルである。」（ふるさと持田の彩）

道路脇から山へ道が上がる。

峠に小さなお堂がある。

大日如来像

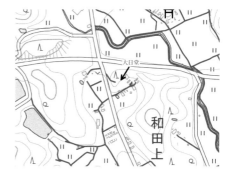

35　丸山神社跡
<small>まるやまじんじゃあと</small>

　県道松江島根線の和田から西へ入った谷に国石溜池があります。この溜池の脇を上がるのが国石林道ですが、林道真山線（現・深町線）と出会った後、次の溜池の形が変わり、国石林道は途切れてしまいます。古い空中写真を見ると、次の溜池の縁を上がっていたようです。真山線を北へたどり、ソフトビジネスパーク内の道路を左へと上がり、溜池の上部になるような場所へ上がってみました。資料によると、真山線との交差点から北へ300mの林内となっていますが、国石林道の延長線上の300mほど先は、ソフトビジネスパークの敷地に造成されており、その痕跡はありませんでした。

　「この神社跡は、林道真山線と国石林道の交差点から、北へ約300mほど国石林道を上がった林地内にある。この、神社は、明治6年（1873）、賀茂神社に合祭、明治41年（1908）、持田神社に合祀されている。祭神は尼子氏の侍大将であった丸山五郎左衛門といわれる武将であって、戦国末期、尼子氏・毛利合戦の際、・・・この五郎左衛門は天狗山の麓まで逃げのびたが、頭痛がひどく痛く動くことすら出来ず、その場で自害して果てる悲惨な最後となった。・・・村人はこの地に社を建て懇ろに祭ることとした。現在も当時の社の跡とみられる石垣が残っている。」（ふるさと持田の彩）

道路脇から谷へ入る。

国石林道

林道真山線と出会う。

ソフトビジネスパークへ上がる。

林道真山線から300mあたり

36　持田神社
もちだじんじゃ

　県道松江島根線から北山農免道を東へ入り、すぐ北に向かうと持田神社があります。
　「この社は、大宮比賣命を正殿に、天太玉命・天鈿女命・猿田彦命を相殿に祭り、そのほか合祭十柱の神々を祭る社である。」（ふるさと持田の彩）

持田神社拝殿

本殿

37 毘沙門堂

　西持田町和田下の県道松江島根線から西の山手の民家の脇から少し入った林内にあります。

　「この堂は、西持田町和田下、野津邦広宅前の市道から約50メートルの裏山にある。本尊は四天王の一つである毘沙門天で、石彫りの立像である。昔は木彫りの像であったが、・・・盗難に遭い、その後、現在の石彫りの本尊像になったとの言い伝えがある。この堂の由緒は古く、現存する棟札に維持と刻し、文政年間初期（約170年前）のものがある。」（ふるさと持田の彩）

民家脇から山へ向かう。

林内の小さなお堂

毘沙門天像

38 賀茂神社跡・薬師堂

　西持田町和田下の集会所「待鳴館」の敷地に狛犬1対が杉の古木のたもとに残っています。現在は、持田神社に合祀されています。神社跡の隣接する敷地に薬師堂があります。

　「賀茂神社跡　この神社跡は、西持田町和田賀茂池に隣接する北の高台にある。賀茂神社は、その昔、松平氏入国の際、京都に倣って松江城より東北の方位に祭られたと伝えられる。祭神は（別雷命、木花開邪姫命）であり、明治6年（1873）丸山神社と若宮神社を合祭、明治41年（1908）7月、持田神社に合祀となる。神社跡は閑静な高台にあって、744平方mの広さで、一本の杉の古木と一対の唐獅子が、わずかに往時の名残りをとどめている。」

「薬師堂　この薬師堂は賀茂神社跡西隣にあり、昔、この後方にかけて敷地のあった開見山安養寺に所属したといわれる。この寺も明治維新前に廃寺となり、薬師堂のみが現存している。・・・堂内には恵心僧都の作と伝えられる薬師如来の座像（等身より大）が、日光菩薩、月光菩薩、12神将の木像に護られて安置されている。」（ふるさと持田の彩）

高台の集会所の敷地にある。

1本の杉の古木がある

古木のたもとに1対の狛犬が残る。

集会所西隣りの敷地にお堂がある。　　　　薬師如来像

39　和田石灯籠

　西持田町和田下の県道松江島根線と市道との交叉点の東角に大きな石灯籠があります。地元の方の話では、経年による倒壊危険のため、近々取り壊されるそうです。

　「西持田町和田入口交叉点東側にあり、昭和3年（1928）1月、持田神社御造営を記念し、創立20周年を迎えた丁未会によって献灯されたものである。本体は来待石で造られ、高さ約6メートル、回り約2メートルにも及び、60余年を経た今、高々とその容姿を誇っている。」（ふるさと持田の彩）

県道交差点の角に建っている。

40　槙ヶ崎地蔵

　西持田町和田下の県道松江島根線と市道との交差点の和田石灯籠から50mほど東へ入った三叉路の角にあります。

　「この地蔵は、主要地方道松江・島根線、通称和田灯籠から市道日吉・和田線に入り約50mの道路脇にある、本尊は南無地蔵菩薩で木彫りの立像である。この地蔵の由緒は不明であるが、歴史は想像以上に古い。」（ふるさと持田の彩）

三叉路の角に小さなお堂がある。

41　持田の太郎兵衛 住居 跡

　西持田町の和田上地区にあったようですが、全く位置がわからないので、地元の方に尋ねると、「あの家のところが以前は竹藪で、大きな椿の木があった。字名は『森山』という。」とのことでした。今は、住宅が建ち、竹藪も椿の大木もなくなって、その痕跡はありませんでした。

　「江戸中期元禄の頃（約300年前）、森山太郎兵衛は江戸城において、出雲の殿様の期待にそって相撲をとったところ、持ち前の気転をきかせ、江戸の大力士を投げとばした功績で庄屋の役職を与えられ、西持田和田に大邸宅を建て、倉庫も10棟余、大きな門構えの生活に入った。・・・現在、西持田町和田上にある俗称庄屋畑は、森山太郎兵衛の屋敷跡で、現に台帳面も『字森山』とあるのがそれである。付近には・・・竹藪に八千代の齢を誇る老木の椿があり、往時の夢を秘めて今も美しい花をつけている。・・・この太郎兵衛も風紀粛正にふれ、・・・伯耆大山の赤松に身をかくし、」
（ふるさと持田の彩り）

道路脇の畑にあったようです。